Lucas est choqué par des images

Nathalie Dargent • Yannick Thomé

MILAN

Maman exagère ! Depuis hier, elle passe sa vie au téléphone, sur Internet ou à lire les journaux. Et là elle s'enferme pour regarder la télévision.

C'est pas juste ! Lucas voudrait la regarder aussi.
Mais maman lui interdit d'entrer.

Tu sors, Marjolaine ?
Yes ! Rambo veut faire une promenade.
Ok, mais tu rentres avant la nuit...
Maman !
Emmène Lucas. Lui aussi a besoin de sortir.
Ça marche.

Lucas en profite pour se faufiler devant la télé. Il se trouve bien assez grand pour regarder les informations. Déjà, il sait que, le monsieur à l'écran, c'est un journaliste. Maman fait le même métier, sauf que, elle, elle écrit dans un journal.

Mais le monsieur disparaît et d'autres images envahissent l'écran. Si vite, si fort, qu'elles entrent par les yeux et les oreilles de Lucas, se cognent dans sa tête…

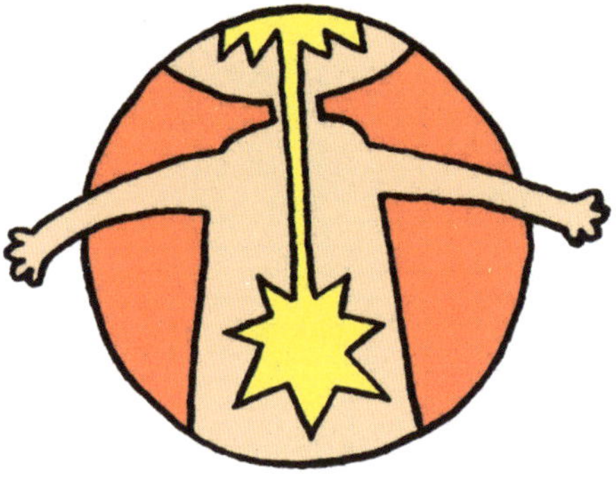

… et dégringolent sur son estomac !

Alors son cœur se met à jouer du tambour.

Lucas ne sait pas comment réagir. Les images de la télévision le paralysent. Il y a des gens qui tirent avec des fusils, des gens qui courent en criant. Ils font des grimaces. Ça fait peur !

Lucas aimerait bien que maman soit là. Sauf que, quand elle revient dans le salon, ça ne s'arrange pas du tout : elle se fâche et gronde Lucas.
Elle fait une drôle de tête.

Est-ce à cause de Lucas ? Des gens avec des fusils ? Lucas se pose plein de questions.

Pas le temps de demander, Marjolaine le prend par la main et l'emmène au jardin public. Tant mieux! De toute façon, Lucas préfère retrouver ses amis!

Au parc, les Inséparables escaladent le toboggan, très excités ! Tout le monde a entendu parler des gens avec les fusils, sauf Juliette, qui ne regarde pas les informations et n'est jamais au courant de rien.

N'importe quoi ! Les policiers ont des pistolets, pas des fusils...
Même que j'ai vu un policier tuer un bandit dans un film.
Ça m'a fait trop peur, j'ai vomi sur le canapé...

Les pistolets, moi je les coupe avec mon sabre laser !
Un sabre laser, c'est moins fort qu'une arme à feu.
On parie ?
Viens avec ton pistolet à feu, pour voir !
Hé ! Ça va pas la tête ?!

Parfait n'a pas d'armes. Ses parents n'en achètent jamais, ils trouvent ça nul comme jouets. Lucas, pareil. Mais, avec son papa, ils ramassent des branches pour se battre à l'épée. Génial ! Aminata entraîne aussitôt les autres sous les marronniers : il suffit de se baisser pour avoir une épée. Après s'être équipés, ils peuvent jouer à la guerre.

Tacatacatac ! Jouer à la guerre, c'est rigolo : on se court après, on se cache. Quand l'ennemi surgit, on lui tire dessus en faisant des bruits. Lucas s'amuse tellement que les images de la télévision s'en vont.

Et quand Roméo arrive, armé jusqu'aux dents, c'est encore mieux : sa carabine fait « Bang ! » très fort quand il appuie sur la détente.

Monsieur Brisebarre, qui passe à ce moment-là, a drôlement peur. Il sursaute et crie après eux.

Les adultes sont drôlement énervés en ce moment.

Déjà, Roméo prend d'assaut le tourniquet !
Il pousse Octave, le petit frère de Juliette.
Octave tombe et se met à pleurer.
Les Inséparables courent le relever.

Les Inséparables consolent Octave, pendant que Roméo continue sa guerre ailleurs.

Lucas ne dit rien. Il a une boule dans la gorge : les images de la télévision reviennent.

Et elles sont encore pires qu'avant : plus elles sont là, plus elles font peur. Il se sent tout petit devant cette grosse peur.

Les Inséparables tournent la tête vers Marjolaine, Bony et Demba, assis sur leur banc favori. « Si on leur demandait ? », propose Juliette. Mais oui ! Ils ont sûrement une recette, puisqu'ils peuvent voir les films violents sans vomir sur le canapé.

Les Inséparables parlent de tout en même temps, de films, d'informations, de pistolets, de télévision... et même d'une sorcière avec des boutons sur le nez ! Depuis que Léa l'a vue dans un film, elle a besoin d'une lumière pour dormir.

Quand Lucas demande si les gens avec les fusils vont venir les tuer, Marjolaine secoue la tête : « J'en étais sûre… Tu as peur à cause des images que tu as vues aux informations ? » Lucas fait ses yeux de lapin et couine « Oui ! ». Alors la boule dans sa gorge se débloque, et, crac, il pleure.

J'AI PEU-HEUR !!!
Moi aussi...
C'est bien de venir m'en parler ! Quand il y a un truc qui ne va pas, il faut le dire...
JE SAI-AIS !

La sorcière, elle arrive quand il fait nuit...

Mes amis, c'est le moment ou jamais de manger des crêpes !

Alors Marjolaine invite tout le monde à venir goûter à la maison. Pendant que les Inséparables mesurent la farine, le sucre, touillent l'œuf et le lait avec les grands, sorcières et bandits perdent leur pouvoir.

Demba rappelle aux petits que, ces films, c'est pour de faux! Les acteurs font semblant d'être méchants ou de mourir. Ils jouent un rôle, comme les Inséparables, qui deviennent des pirates sur leur bateau.

C'est normal d'avoir peur de certains films, mais, ceux-là, ils sont réservés aux grands, qui savent fermer le robinet des émotions quand le film est terminé.

Tiens, le parfum des crêpes attire maman dans la cuisine… Ça tombe bien, car Lucas est toujours inquiet.

Maman, les « oui mais… », c'est sa spécialité. Alors elle s'installe près de Lucas et lui explique : il a raison, les informations, ce n'est pas comme un film.

Les journalistes racontent ce qui est arrivé en vrai avec des mots et des images. Mais ce n'est pas parce que c'est vrai qu'on comprend tout.
Les images nous parlent. Du coup, c'est comme les mots : il faut apprendre à les lire, à déchiffrer ce qu'elles disent.

« C'est super-intéressant, vous verrez, dit maman en souriant. C'est difficile au début, mais votre maître ou vos parents peuvent vous aider, ils ont plus d'expérience ! »

Moi, j'ai rien compris.
Bien sûr, tu es petit et ces images sont trop fortes.
Tu les lis avec ton cœur. C'est lui qui réagit.
En grandissant, on arrive à regarder aussi avec son cerveau.

Du coup on n'a plus peur ?
Si, mais moins. On ressent des émotions, mais ce n'est plus elles qui commandent.

Puis maman explique aux enfants ce qu'on sait sur les gens avec des fusils. Et elle répond à leurs questions de façon précise. Qui c'était, quand c'est arrivé et où. Et pourquoi les gens avec des fusils ont fait ça...

Au début, Lucas a peur que son cœur recommence à jouer du tambour.

Mais, finalement, ça le rassure de comprendre ce qui s'est vraiment passé.

En plus, maman dit que la police est là pour s'occuper des gens avec des fusils. Et que les enfants peuvent compter sur les adultes pour les protéger.

Quand il n'y a plus de crêpes, Marjolaine a une nouvelle idée pour terminer la journée.

La magie de Marjolaine, c'est souvent crayons de couleur et compagnie, parce qu'elle adore dessiner.

Peu après...

Ah tiens ? Et de quoi il peut bien avoir peur, Demba ?

C'est pour ça que tu ne veux jamais caresser mon Rambo !
Mais non ! J'ai pas peur, je suis allergique.

Et toi, comment réagirais-tu ?

Pour chaque situation, choisis la bulle qui te correspond le plus.

1 Est-ce que ça t'arrive de regarder les informations ?

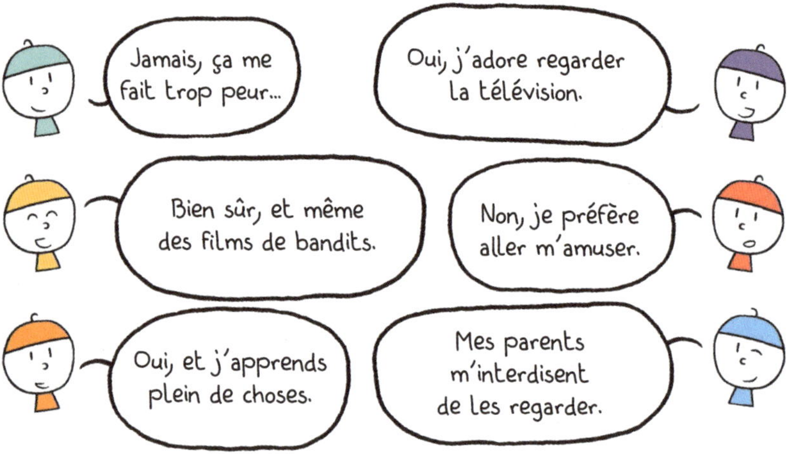

2 Quand des images te font peur, comment réagis-tu ?

3 Quel personnage imaginaire te ferait le plus peur ?

4 Comment fais-tu pour calmer ta peur ?

Résultats !

Compte le nombre de symboles de chaque couleur et découvre ton profil.

Tu as plus de  : **tu n'as peur de rien.**

Comme Aminata, tu es courageux. Mais reste vigilant, car certaines images ne sont pas destinées à des enfants de ton âge. Elles peuvent s'imposer à toi et te choquer profondément.

Tu as plus de  : **tu es très sensible.**

Tu ne supportes pas les images violentes, comme Léa : elles te poursuivent dans tes cauchemars. Si tu te réveilles terrifié, respire profondément et dis-toi que ce n'était pas réel.

Tu as plus de  : **tu fais le dur.**

Comme Lucas, tu as vu des scènes violentes. Mais tu n'as pas avoué ta peur : tu ne veux pas qu'on te prenne pour un petit. Pourtant, même les grands peuvent avoir peur. Alors n'hésite pas à en parler à tes copains ou à des adultes.

Ne t'en fais pas si aucune couleur ne domine. Lis le profil de chacune de tes couleurs : chacun te correspond un petit peu.

Tu as plus de  : **tu as peur, et alors ?**

La peur est un sentiment tout à fait normal pour toi, comme pour Parfait. Si des images viennent à te choquer, tu retrouves vite ton calme, car tu sais que la peur n'arrange rien.

Tu as plus de  : **tu aimes être effrayé.**

Tu raffoles des jeux où tu es le héros. Comme Tom, tu t'imagines en danger : c'est génial de combattre des monstres géants ! Et c'est encore mieux quand tu y joues avec tes copains.

Tu as plus de  : **tu veux comprendre.**

Comme Juliette, tu as très peu accès à des images violentes. Si ça t'arrive, tu essaies de les comprendre. Tu en crées parfois avec ton imagination. Mais, avec ces images-là, pas de danger réel : c'est toi qui les contrôles.

Loi 49.956 du 16 juillet 1949 sur les publications destinées à la jeunesse.
ISBN : 978-2-7459-7289-7. Dépôt légal : 2e trimestre 2016.
Imprimé en Roumanie par Canale.